1983 – Ein ganz besonderes Jahr!

1983 ist ein besonderes Jahr: Udo Lindenberg kommt mit seinem „Sonderzug nach Pankow“ nach Ostberlin und gibt ein Konzert im Palast der Republik und die DDR wird bei der ersten Leichtathletik-WM erfolgreichste Nation.

Eine amüsante Zeitreise für jede Frau, die 1983 in der DDR geboren wurde und sich gerne an die nostalgischen Ereignisse aus einer besonderen Zeit erinnert.

Ein Ereignis ist dabei ganz besonders hervorzuheben:

Das größte Highlight in der DDR im Jahr 1983 ist die Geburt von:

Liebes Geburtstagskind,

Inhaltsverzeichnis

Die Comic-Zeitschrift der DDR

Die meisten Kinder in der DDR waren begeisterte Fans der Zeitschrift **Mosaik.** Die von Hans Hegen geschaffenen Knollennasen Dig, Dag und Digedag erblickten erstmals 1955 das Licht der Welt. Nach überstandenen Meeres- und Inselabenteuern verschlug es die Helden ins alte Rom. Die Zeitschrift mit 24 Seiten erschien monatlich, ein Abo gab es nicht.

Zwischen 1964 und 1969 zogen Dig und Dag mit Ritter Runkel von Rübenstein auf den Spuren der Kreuzritter durch Italien und Byzanz bis in den Orient.

(li) Die erste Ausgabe des bunten Digedag-Heftchens "Mosaik", erschien am 23. Dezember 1955 in der DDR.

1975 beendet Hannes Hegen die Zusammenarbeit und mit ihm gingen auch Dig, Dag und Digedag. Es folgte die Epoche der **„Abrafaxe".** Mosaik erreicht die Auflagenhöhe von einer Million, überlebt die Wende und exisitiert als Printausgabe bis heute. Die Comic-Klassiker bleiben begehrt: So wurde das Heft Nr. 1 im Jahr 2012 für 6.605 Euro versteigert.

Süßes für die Zähne

Die Kinderzahnpasta „Putzi" war fester Bestandteil der Badezimmer in der DDR. Der Grund: Die ab 1957 vom VEB Elbe Chemie produzierte Zahncreme war die einzige Kinderzahnpasta, die es in der DDR gab. Es wurden jährlich 100 Millionen Tuben produziert, wovon 80 Mio. in der DDR und 20 Mio. in der Sowjetunion verkauft wurden. Die erste Putzi-Zahncreme schmeckte nach Banane. Später folgten dann die Geschmacksrichtungen Himbeere und Schokolade.

Auch das Sandmännchen durfte – ebenso wie ein Matrose und der Bummi-Bär – für Putzi werben.

Vor allem in den frühen Jahren der DDR war die Pasta bei Kindern äußert beliebt, steckte in Putzi doch jede Menge leckerer Zucker. In den 60er-Jahren wurde der Zahncreme die Süße genommen und aus Banane, Himbeere und Schoko der sozialistische Einheitsgeschmack „fruchtig" entwickelt.

Noch heute gibt es Putzi, allerdings nicht mehr mit einem ganz so prominenten Maskottchen, sondern einem kleinen Drachen. Den Kids ist das vermutlich egal.

Erziehung im Kindergarten

Bereits im Kindergarten begann die Erziehung zu einer „sozialistischen Persönlichkeit.“ Dabei stand in der Regel die Kindergartengruppe im Vordergrund. Auch der Tagesablauf war streng geregelt. Gemeinsames Essen, auf Toilette gehen, Waschen, Schlafen, Spielen und Lernen. Natürlich wurde auch Sport getrieben. Spaziergänge an der frischen Luft gehörten auch dazu. Die Kindergärtnerinnen waren dem Ministerium für Volksbildung unterstellt.

Die Vorbereitung auf die Schule umfasste meist: Rätsel lösen - z.B. Welcher Hahn kann nicht krähen?; mit Wasserfarben und Buntstiften malen; bunte Figuren mit Legetäfelchen legen; Rechnen mit Rechen-Stäbchen; erste Schreibübungen; Verkehrserziehung und Erziehung zu Ordnung und Sauberkeit; Malen, Zeichnen, Basteln, Kneten; Üben von Zungenbrechern und Abzählreimen und **Singen.**

Bild: Lieder lernen im Kindergarten

Den Link und QR-Code zur rund 50-minütigen DDR-Langspielplatte „Ein Männlein Steht im Walde - Kinderlieder und Kindergedichte“ gibt es unten.

https://bit.ly/kinderlieder-ddr

Ein Tag für uns Kinder

Schon seit den 1950er Jahren war für alle Kinder der 1. Juni ein ganz besonderer Tag. Es wurde der Kindertag gefeiert. Bereits zum Frühstück wurde den Kindern gratuliert und mit kleinen Geschenken in den „Feiertag" gestartet.

Der Tag war in der DDR immer ein großes Ereignis für alle Kinder. In vielen Schulen und Kitas wurden Programme und Feste veranstaltet. Seit der deutschen Wiedervereinigung im Jahr 1990 gibt es nun 2 Kindertagsfeste. Insbesondere in den ostdeutschen Bundesländern wird der 1. Juni weiterhin gefeiert. Der internationale Kindertag geht auf die Weltkonferenz für das Wohlergehen der Kinder zurück. Diese fand im August 1925 in Genf statt, wo 54 Staaten eine Erklärung zum Schutz der Kinder verabschiedeten. Danach führten viele Länder einen Kindertag ein.

Den Link bzw. QR-Code zu einem rund 10-minütigen Youtube-Video von *„MDR DOK" zum Thema „Kindheit in der DDR"* gibt es hier.

https://bit.ly/Doku-kindheit-ddr

Zwischen Humor und Tiefsinn

Welches Kind aus der DDR kennt sie nicht: Die beiden Marionettenfigurgen **Spejbl und Hurvínek** aus der Tschechei mit ihren Dialogen zwischen Alltagshumor und Tiefsinn. Die hintergündig ironische Art kam seit dem ersten Gastspiel des Prager Marionettentheaters in den 1950er Jahren auch beim DDR-Publikum gut an. In den folgenden Jahren war das Ensemble „S+H“ fast jährlich zu Gast in der DDR.

Spejbl wurde bereits 1919 „geboren“, Hurvinek kam im Jahr 1926 dazu

Einige Formulierungen aus den Gesprächen zwischen Vater und Sohn wurden auch in der DDR fast sprichwörtlich. Die Frage *„Papa, was ist Libbe?“* mit tschechischer Betonung der Endsilbe, ließ jeden an einen Vater-Sohn-Dialog denken. Es gab Puppentrickfilme, Fernseh- und Rundfunkauftritte sowie Schallplatten. Hier der Link bzw. QR-Code zu einem der ersten deutschen Puppentrickfilme der beiden auf Youtube:

https://bit.ly/speibl-DDR

Udo kommt mit dem Zug

Jahrelang hat sich Udo Lindenberg um ein Konzert in der DDR bemüht, am 25. Oktober 1983 ist es soweit. Der Sänger tritt bei einer FDJ-Veranstaltung für den Weltfrieden im Palast der Republik in Ost-Berlin auf. Zuvor hatte er am 7. Februar 1983 das Lied vom „Sonderzug nach Pankow“ veröffentlicht. Darin malt er sich aus, mit dem Zug von West- nach Ost-Berlin zu fahren und in der DDR aufzutreten. Das Lied wurde in der DDR quasi verboten. Wer es öffentlich abspielte, musste mit einer Geldstrafe rechnen.

Für Udo Lindenberg war sein etwa 20-minütiger Auftritt das einzige Konzert in der DDR vor dem Mauerfall.

Für das geplante Friedensfest der SED-Jugendorganisation FDJ sollte der für sein Friedensengagement bekannte US-Sänger Harry Belafonte auftreten. Sein westdeutscher Konzertmanager Fritz Rau stellte eine Bedingung: Belafonte tritt auf, wenn auch Udo Lindenberg singen darf. Zähneknirschend stimmte die ostdeutsche Seite zu - wenn Lindenberg den „Sonderzug“ nicht singt.

Hier der Link bzw. QR-Code zu der rund einstündigen 3sat-Doku zu seinem Konzert: *„Udo Lindenberg Palast der Republik 25 Oktober 1983“* auf Youtube:

https://bit.ly/doku-udo-1983

Ein gelber Teddybär

„Kommt ein kleiner Teddybär, aus dem Spielzeuglande her. Und sein Fell war wuschelweich, alle Kinder rufen gleich: Bummi, Bummi, brumm, brumm, brumm …“

So beginnt das Kinderlied vom gelben **Teddybär Bummi.** Ende der 50er Jahre kommt der damals 29-jährigen Autorin Ursula Böhnke-Kuckhoff die Idee, eine Zeitschrift für Vorschulkinder herauszugeben - sie erfindet den gelben Bären Bummi, nach dem auch die Zeitschrift benannt wurde. 1957 druckte der Verlag Junge Welt dann die erste Ausgabe. Die maximale Auflage von „Bummi" lag zu DDR-Zeiten bei 736.300 Exemplaren.

Am 15. Februar 1957 erschien die erste Ausgabe von Bummi und war bald überaus beliebt.

Das original Bummi-Lied ist unter folgendem mittlerweile über 3,6 Mio. Mal geklickten Link bzw. QR-Code auf Youtube zu sehen und zu hören.

https://bit.ly/bummi-lied

Witze zum Schmunzeln

Erich Honecker besucht eine Nervenheilanstalt. Gut einstudiert brüllen die Schwachsinnigen: „Es lebe unser geliebter Staatsratsvorsitzender!!!“ Nur der Aufseher schweigt. Als ihn deswegen einer von Honeckers Leibwächter anspricht, meint er: „Ich gehöre nicht zu den Verrückten!“

Eine Frau geht durchs Kaufhaus. Sie fragt eine Verkäuferin: „Sagen Sie mal, haben Sie hier keine Schuhe?“. Die Verkäuferin antwortet: „Keine Schuhe gibt es eine Etage höher, hier haben wir keine Hosen“.

Was passiert, wenn die Wüste sozialistisch wird? Die ersten Jahre passiert gar nichts, daber dann wird allmählich der Sand knapp.

Was ist der Unterschied zwischen dem Sozialismus und einem Orgasmus? Im Sozialismus stöhnt man länger.

Warum wird der DDR-Kaffee „Rondo“ mit einer Neutronenbombe verglichen? Der Mensch stirbt, die Tasse bleibt heil.

Danach ab ins Bett

Bereits 1959 hatte **„Unser Sandmann"** seine TV-Premiere im DDR-Fernsehen. Was selten gelang - die DDR schlug damit dem Westen ein Schnippchen. Wenige Wochen vorher war der DFF-Programmchef Walter Heynowsky auf eine westdeutsche Presseinformation gestoßen, wonach der SFB einen Abendgruß mit Sandmann plane. Geplanter Starttermin: 1. Dezember. Dem wollte man zuvorkommen. Innerhalb kürzester Zeit stampfte der DFF den inzwischen dienstältesten deutschen Medienstar aus dem Boden.

In seiner ersten Folge schlief der Sandmann, noch ohne Traumsand zu verstreuen, in einem Hauseingang ein; der Sender wurde daraufhin mit warmen Sachen, selbstgemachten Mini-Betten und Wohnungsangeboten bombardiert.

Die Puppe begeisterte die Zuschauer sofort. Bald war es in der ganzen DDR Usus: Um 18:50 Uhr das „Sandmännchen" und danach ging's ab ins Bett.

Hier der Link und QR-Code zum 1-minütigen und über 3 Millionen Mal geklickten Sandmann-Lied auf Youtube:

https://bit.ly/ddr-sandmann

Sechs Fälle sind zwei zu viel

Ab der fünften Klasse gab es ein meist ungeliebtes Schulfach: Russisch. Es war die erste Fremdsprache, die es zu lernen galt. Die Grammatik mit sechs Fällen und die kyrillische Schrift war für manch eine Schülerin ein Graus.

Russische Schulbücher gab es ab der 5. Klasse. (re.) „Мы говорим по-русски" („Wir sprechen russisch) – Aufgaben zu wichtigen Stoffgebieten der Grammatik. (li.) "Мы говорим по-русски" („Wir sprechen russisch. Ein Schulbuch für die 10. Klasse)

An den ersten Satz im Russisch-Schulbuch der fünften Klasse können sich jedoch noch viele Ostdeutsche gut erinnern. „Nina, Nina, tam Kartina, eto Traktor i Motor". Eventuell kommt ihnen noch „Dostoprimetschatelnosti" über die Lippen, „Sehenswürdigkeiten". Die mindestens fünf Pflichtjahre Russisch-Unterricht, die jede ostdeutsche Schülerin zu absolvieren hatte, gingen an vielen relativ spurlos vorüber. Immerhin haben die meisten älteren Ostdeutschen ihren westdeutschen Altersgenossen bis heute voraus, dass sie in der Regel das kyrillische Alphabet mühelos entziffern können.

Beliebte Vornamen

Beliebte Vornamen für Mädchen

Silke
Simone
Heike
Nicole
Jennifer
Yvonne
Chantal
Kerstin
Katja

Beliebte Vornamen für Jungen

Sven
Torsten
Jens
Raik
Rene
Jörg
Dirk
Heiko
Holger

Hits aus der DDR

In der DDR gab es einen bunten Musikmix. Hier der Link und QR-Code zu einem über 1,2 Millionen Mal angeklickten rund 70-minütigen Youtube-Hörvideo mit Hits von City, Karat, Puhdys, Nina Hagen, Karussell, Wolfgang Lippert, Ute Freudenberg, Frank Schöbel.

https://bit.ly/ddr-hits

Immer etwas zum Feiern

In der DDR gab es eine eigene Kultur von Festtagen. So wurde am 8. März der **Frauentag** begangen und einmal im Jahr machten die Männer nach der Kaffeerunde im Büro den Abwasch. Der 1. Juni wurde als **Kindertag** mit Festen für die Kleinen gefeiert. Am 12. Juni bekamen die Mitarbeiter der Volksbildung zum Tag des Lehrers Blumensträuße und die ganze Klasse sang Lieder und freute sich, dass an diesem Tag keine Schularbeit geschrieben wurde. So gab es immer etwas zu feiern.

Bis zum Ende der DDR wurden von der 42-minütigen Platte „Weihnachten in der Familie“ 1,6 Millionen Exemplare verkauft.

Gefeiert wurde auch beim **„Fest der Familie“** wie Weihnachten genannt wurde. Der meist verkaufte Tonträger in der DDR war dann auch eine Schallplatte mit Weihnachtsliedern. Die Chansonsängerin **Aurora Lacasa,** ihr damaliger Lebensgefährte **Frank Schöbel** und ihre beiden Töchter **Odette** und **Dominique** präsentierten einen Mix von 20 traditionellen Weihnachtsliedern, Volksliedern und Eigenschöpfungen.

Frank Schöbel war der wohl bekannteste Schlagersänger der DDR. Die Original-Platte „Weihnachten in der Familie“ mit allen 20 Liedern ist unter folgendem Link bzw. QR-Code auf Youtube zu hören:

https://bit.ly/lieder-ddr

Ein Weltrekord für die Ewigkeit?

47,60 Sekunden über 400 m - neuer Weltrekord. Die Rostockerin **Marita Koch** hat ihn 1985 aufgestellt. Und ein Rekord anscheinend für die Ewigkeit. Selbst die von Kochs Ehemann Wolfgang Meier später gecoachte 400-m-Olympiasiegerin Marie-José Pérec aus Frankreich war bei ihrem Gold-Lauf von Atlanta 1996 65 Hundertstelsekunden langsamer als die **16-fache Weltrekordlerin** elf Jahre zuvor.

Nur zwölf Frauen sind über die 400 m jemals unter 49 Sekunden geblieben – Marita Koch schaffte es gleich 15 Mal.

Die Rostocker 400-m-Legende war auch 1983 bei den ersten Leichtathletik-Weltmeisterschaften mit dreimal Gold über 200, 4x100 und 4x400 m sowie Silber über 100 m die erfolgreichste Teilnehmerin.

Überhaupt war die DDR bei diesen Meisterschaften mit 10 Gold, 7 Silber und 5-Bronze Medaillen die erfolgreichste Nation noch vor den USA und der UdSSR.

Ein Vorbild für alle

Viele der Kinder konnten es kaum erwarten zu den Pionieren zu kommen. Schließlich wollte man doch dem Vorbild „Timur" nacheifern. Wer erinnert sich nicht an das sowjetische Kultbuch *„Timur und sein Trupp"* von Arkadi Gaidar. Für viele Rentner war es ein großes Ereignis, wenn die **Timurhelfer** kamen. Das waren Jung- oder Thälmannpioniere, die in ihrer Freizeit alte Leute unterstützten.

Die Pioniere waren eine Massenorganisation für Kinder vom 1. Schuljahr bis zum 7. Schuljahr. In der ersten Klasse wurde man **Jungpionier** und in der 4. Klasse dann **Thälmann-Pionier.**

Zu erkennen waren die Jungpioniere an ihrer Kleidung, die an Fest- und Feiertagen Pflicht war. Mädchen trugen eine weiße Bluse und einen dunklen Rock, die Jungenein weißes Hemd mit dunkler Hose. Dazu gehörte ein blaues Halstuch und auf dem Kopf eine dunkelblaue Kappe mit Abzeichen darauf.

Jeder Jungpionier bekam eine Mitgliedskarte, auf deren Rückseite die Gebote der Jungpioniere standen (siehe nächste Seite).

Liedern und Gebote

Lieder der Pioniere

Dem Morgenrot entgegen

Moorsoldaten

Wann wir schreiten Seit an Seit

Brüder seht die rote Fahne

Den Link und QR-Code zum über 1 Mio. Mal auf Youtube geklickten Lied „Der kleine Trompeter“ gibt es hier. https://bit.ly/der-kleine-trompeter

Zeitschriften der Pioniere

- Die ABC-Zeitung
- Atze
- Trommel
- FRÖSI

Die Gebote der Jungpioniere

Wir Jungpioniere lieben unsere Deutsche Demokratische Republik.

Wir Jungpioniere lieben unsere Eltern.

Wir Jungpioniere lieben den Frieden.

Wir Jungpioniere halten Freundschaft mit den Kindern der Sowjetunion und aller Länder.

Wir Jungpioniere lernen fleißig, sind ordentlich und diszipliniert.

Wir Jungpioniere achten alle arbeitenden Menschen und helfen überall tüchtig mit.

Wir Jungpioniere sind gute Freunde und helfen einander.

Wir Jungpioniere singen und tanzen, spielen und basteln gern.

Wir Jungpioniere treiben Sport und halten unseren Körper sauber und gesund.

Wir Jungpioniere tragen mit Stolz unser blaues Halstuch.

Wir bereiten uns darauf vor, gute Thälmann-Pioniere zu werden.

Luther statt Marx

In Ihrem Geburtsjahr 1983 entdeckte die DDR plötzlich den Reformator Martin Luther für sich. Im Mittelpunkt der Feierlichkeiten stand dabei die Wartburg.

Das gab es noch nie: Als am frühen Abend des 4. Mai 1983 die Deutschen in Ost und West ihre Fernseher einschalten, sehen sie sowohl im Ersten DDR-Fernsehen als auch im ARD-Fernsehen einen Gottesdienst live vom Innenhof der Wartburg.

Festgottesdienst 1983: Mit einem deutsch-deutschen TV-Gottesdienst wird das kirchliche Lutherjahr eröffnet.

Der thüringische Landesbischof eröffnet in Amtstracht, im Luther-Rock und mit Bischofskreuz, das Gedenkjahr zum 500. Geburtstag des Reformators Martin Luther. In der Gemeinde sitzen Richard von Weizsäcker, der evangelische Regierende Bürgermeister von West-Berlin, und Horst Sindermann, der kommunistische Präsident der DDR-Volkskammer, einträchtig beieinander.

Sie alle feiern den Luthertag, der Tag an dem 1521 Luther zu seinem Schutz auf die Wartburg gebracht wurde.

Ein Flimmern im TV

Eine der erfolgreichsten und langlebigsten Kindersendungen der DDR-Fernsehgeschichte war **„Die Flimmerstunde“** und **Professor Flimmrich** wurde eine der beliebtesten Fernsehfiguren. Dieses Kindermagazin wurde von 1959 bis zum Ende des DFF 1991 ausgestrahlt. Der Junge „Karli Kurbel“ besuchte den freundlichen Professor „Flimmrich“ in seinem Filmarchiv und ließ sich neue Kinderfilme zeigen und erklären, wie sie gemacht werden. Der Professor stellte Berufe und Schauspieler vor und erzählt Filmgeschichte.

Danach zeigte „Flimmrich“ meist Spielfilme, Reportagen oder Dokumentationen für Kinder. Der Professor wurde von Walter E. Fuß gespielt und trug immer einen weißen Kittel und eine Fliege. Ab 1978 führte Helmut Schreiber durch die Sendung.

Zwischen 1985 und 1989 moderierte Marita Gerasch, zum Teil verkleidet als sympathische Hexe Barbarina, die Flimmerstunde.

Die Flimmerstunde lief im DDR-Fernsehen insgesamt rund 1500 Mal, erst montags nachmittags, ab 1967 samstags nachmittags. Nach der Abwicklung des DFF führte der ORB die Reihe weiter.

Ein Indianer für immer

Kultstatus erreichten in der DDR die Indianerfilme mit Gojko Mitić. Die DEFA-Studios in Potsdam-Babelsberg produzierten zwischen 1966 und 1979 zwölf Indianerfilme. Sie entstanden in Kooperation mit Filmstudios in Jugoslawien, Bulgarien, der Sowjetunion und auf Kuba und galten als die sozialistische Antwort auf die Karl-May-Verfilmungen, die in den westdeutschen Kinos ausgestrahlt wurden.

Gojko Mitić war der "Chef-Indianer" bei der DEFA. Mit gerade einmal 25 Jahren wurde er über Nacht mit seiner ersten Rolle als Indianer-Häuptling Tokei-ihto im Film „Die Söhne der Großen Bärin" berühmt.

Die Haltung, Rechtschaffenheit und Vorbildhaftigkeit seiner Figuren wurden vom begeisterten Publikum gern auf die Person Gojko Mitić übertragen: Er wurde zur Kultfigur und sein Image vom Indianerhäuptling geprägt. Den dreiminütigen Trailer zum ersten Film *„Die Söhne der großen Bärin"* aus dem Jahr 1966 gibt es auf Youtube unter diesem Link bzw. QR-Code zu sehen:

https://bit.ly/defa-trailer-1966

Ein Stoff als Präsent

Für den kleineren Geldbeutel wurde 1969 anlässlich des 20. Jahrestages der DDR ein Produkt geschaffen, das die konsumbedürftige Bevölkerung befriedigen sollte: die Stoffneuentwicklung **Präsent 20.** Die neue Textilie wurde nach dem Großrundstrickverfahren hergestellt und verkörpert den Traum der DDR nach wirtschaftlicher Eigenständigkeit, Unabhängigkeit und Überlegenheit.

Weit verbreitete Materialen der DDR-Mode waren Dederon, Malimo, Präsent 20 oder Lurex – also sehr viel Synthetik. Der Grund: Baumwolle war teuer. Kleidung aus synthetischen Stoffen hatte zudem den Vorteil, lange haltbar und leicht in der Pflege zu sein.

Das anfangs wegen seinen Pflegeeigenschaften beliebte Rundstrick aus 100 Prozent Polyester geriet aber bald schon in die Kritik der Verbraucher. Denn die Kleidungsstücke aus „Präsent 20" standen immer etwas steif ab und trugen durch ihre erhöhte Wärmeentwicklung zu unangenehmen Gerüchen bei.

Die Kleidung neigte zudem zu elektrischer Aufladung, was besonders bei langen Röcken problematisch war: Sie blieben am Bein haften. Den Link und QR-Code zur rund 45-minütigen ZDF-Info-Doku *„DDR – schicke Modewelt nach Plan"* gibt es hier:

https://bit.ly/Doku-DDR-Mode

Märchen mit Meister Nadelöhr

Die Kindersendungen des DDR-Fernsehens waren bei Kindern und Erwachsenen gleichermaßen beliebt. In Anlehnung an „Das tapfere Schneiderlein" wurde die Kunstfigur des **„Meister Nadelöhr"** entwickelt. Anfangs hieß die Sendung „Meister Nadelöhr erzählt Märchen". Später wurde sie umbenannt in „Zu Besuch im Märchenland". „Meister Nadelöhr" erzählte Märchen oder sang Lieder.

Eckhart Friedrichson spielte viele Jahre den "Meister Nadelöhr"

Die eigentlichen Stars der Sendung waren aber die Puppen, vor allem der kleine freche Kobold „Pittiplatsch", der gerne einen Streich spielte, aber auch „Schnatterinchen", das eher brav und altklug daherkam. Die fröhliche Kindersendung am Sonntagnachmittag lief von 1954-1991 im DDR-Fernsehen.

Hier der Link bzw. QR-Code zur 25-minütigen Zusammenschau *„Ausschnitte aus Kindersendungen im DDR Fernsehen 1960 - 1985"* auf Youtube.

https://bit.ly/ddr-kinder-tv

Eine unerwünschte Hose

Die **Blue Jeans** hatte es in der DDR anfangs schwer. In den 1950er Jahren war sie verpönt, schon allein die Verwendung des Wortes war untersagt. Umständlich wurde sie als **„blaue doppelgenähte Knappnahthose“** umschrieben oder einfacher als **„Nietenhose“** oder **„Amit-Hose“** betitelt. Nicht umsonst heißt es in Ulrich Plenzdorfs Kultroman „Die neuen Leiden des jungen W“: *„Jeans sind eine Einstellung und keine Hosen!“*

Boxer und Wisent waren zwei DDR-Jeansmarken

Spätestens seit den Weltfestspielen 1973 gehörten DDR-Jugendliche im Blauhemd der FDJ und Blue Jeans jedoch zur Normalität. 1977 begann dann die Jeans-Produktion „Made in GDR“. Die Marke **„Boxer“** wurde in Güstrow hergestellt, die Marke **„El Pico“** im VEB Lößnitzer Bekleidungswerke“ und die Marke **„Wisent“** im VEB Bekleidungswerke Templin. Es gingen täglich rund 6.000 solcher Hosen vom Band, gefertigt von bis zu 1.000 Mitarbeitenden, 90 Prozent davon waren Frauen.

Den Link und QR-Code zu einem vierminütigen Youtube-Video über die *„Jeans in der DDR“* von Dr. Wolle vom DDR-Museum gibt es hier: **https://bit.ly/jeans-ddr**

Reiselust

Obwohl die DDR klein war, die Reiselust der Menschen war groß. Die weite Welt blieb dem normalen DDR-Bürger in aller Regel verschlossen. Möglich waren nur Urlaube am bulgarischen Sonnenstrand, in den Hochgebirgen des Balkans, in der Tschechoslowakei oder am Plattensee. Die weitaus meisten Urlaubsreisen führten innerhalb der DDR in die Mittelgebirge, zu den meckenburgischen Seen oder an die Ostseeküste.

Die beliebten Ferienheimplätze des DDR-Gewerkschaftsbundes waren schwer zu bekommen. So machten die meisten **Urlaub am Campingplatz,** wobei man sich auf den meisten Zeltplätzen schon ein halbes Jahr vorher anmelden musste.

Die DDR war ein Campingland. In den 1980er Jahren lag die Zahl der Übernachtungsgäste auf den ca. 530 staatlichen Zeltplätzen bei jährlich über zwei Millionen, 1989 sogar bei mehr als 2,5 Millionen, was durchschnittlich etwa 12,5 Prozent der Gesamtbevölkerung der DDR entsprach.

Die Waschmöglichkeiten waren oft unter freiem Himmel, Gemeinschaftsklo, vielleicht ein Zeltkino und eine Einkaufsbude für Limonade und Kekse. Den Link und QR-Code zur 10-minütigen MDR-Doku *„Keine Reisefreiheit – Konnten DDR-Bürger Urlaub machen?"* auf Youtube gibt es hier:

https://bit.ly/ddr-reise-doku

Nur ein kurzer Tanz

Mit Verbreitung amerikanischer Tänze wie dem Rock 'n Roll propagierte die DDR-Führung 1959 den **Lipsi** als Alternative. Schöpfer des Kunstproduktes waren der Komponist Rene Dubianski und das Ehepaar Christa und Helmut Seifert, das in Leipzig eine bekannte Tanzschule unterhielt. Weil alle Beteiligten aus Leipzig stammten, wurde der Tanz Lipsi genannt - in Ableitung des lateinischen Namens der Stadt: **Lipsiens.**

Da war der Lipsi schon lange wieder verschwunden: Eine Hip-Hop Darstellung aus den 1980er Jahren

In den 1980er Jahren hat sich die kulturpolitische Strategie wiederum gewandelt: Nun wurden in der DDR plötzlich **Breakdance** und **Hip-Hop** als Symbole westlicher, antikapitalistischer Protestkulturen geduldet und sogar durch Tanzkurse gefördert.

Wie der Lipsi damals funktionierte sehen Sie unter folgendem Link bzw. QR-Code auf Youtube in einem kurzen original Video aus 1959:

https://bit.ly/lipsi-1959

Die Krusta aus dem Ofen

In der DDR hieß eine Form der Pizza **„Krusta"**. Krusta wird auf einem Backblech gebacken und in rechteckige, handgroße Stücke geschnitten. Der Teig ist dunkler als beim italienischen Original, weil er neben Weizen- auch Roggenmehl enthält.

Neben der Preisgestaltung unterstanden auch die Namen der angebotenen Gerichte der Kontrolle von oben. Bis Ende der 80er-Jahre mussten zum Beispiel in Ostberlin Pizza-Lokale noch „Krusta-Stube" genannt werden.

Außerdem werden Gewürze wie Paprika und Kümmel hinzugefügt. Die Beläge waren reichhaltig und deftig - und aus heutiger Sicht zum Teil gewöhnungsbedürftig. Die **Spreewald-Krusta** etwa ist mit einer Mischung aus Sauerkraut, Hackfleisch und saurer Sahne belegt, die **Rostocker Fischkrusta** wartet mit Dosenfisch in Tomatensoße auf und auf die **Räucherbroilerkrusta** kommt neben „Räucherbroiler" Rührei drauf.

Ein Krusta-Rezept auf „www.chefkoch.de" finden Sie unter diesem Link bzw. QR-Code:

https://bit.ly/ddr-krusta

International erfolgreiche Jungs

Am 19. November 1969 traten sie zum ersten Mal auf: Die **Puhdys.** Damals noch mit 15 Coversongs. Ab 1971 kamen die eigenen Lieder. Das Publikum feierte die „Jungs aus Berlin" und ihre anspruchsvollen, teilweise lyrischen Texte. Und mit dem Lied *„Wenn ein Mensch lebt"* des DEFA-Kultfilms *„Die Legende von Paul und Paula"* kam 1973 der große Durchbruch.

Die Puhdys waren auch oft im DDR-Fernsehen

1977 erschien bei Amiga die LP „Die großen Erfolge". Darauf ist auch das im Jahr zuvor veröffentlichte Lied mit dem Text *„Alt wie ein Baum möchte ich werden – genau wie der Dichter es beschrieb".* Fortan traten sie, trotz Reisebeschränkung, in der ganzen Welt auf.

Im Mai 1989 gaben sie beim Pfingsttreffen der FDJ vor 80.000 Zuschauern ihr Abschiedskonzert. Doch ihr Lied „Alt wie ein Baum" wurde mit jedem Jahr mehr zum Kulthit und bescherte der Gruppe einen erneuten Aufstieg. Seit 2016 ist jedoch endgültig Schluss.

Hier der Link bzw. QR-Code zu Ihrem Album *„Die Großen Erfolge"* das auf Youtube zu hören ist:

https://bit.ly/die-grossen-erfolge

Ein Rührgerät wurde zum Kult

Es gibt inzwischen viele Kultprodukte aus der DDR. Doch das Rührgerät „RG 28" überstrahlt alle. Es gibt sogar einen Dokumentarfilm aus dem Jahr 2016 mit dem Titel *„Kommen Rührgeräte in den Himmel?"*, in dem die Geschichte der Design-Studentin Carmen erzählt wird. Die Handlung:

Carmen stammt aus der Schweiz und studiert Design im exotischen Thüringen. Nachdem ihr nagelneuer Mixer bei dem aufwühlenden Versuch, einen Kuchen zu backen, den Geist aufgegeben hat, entdeckt sie auf einem Jenaer Flohmarkt ein Rührgerät aus DDR-Zeiten. Es leuchtet in grellem Orange, ist deutlich älter als sie selbst - und trotzdem noch tadellos in Form. Es heißt **RG 28.** Carmen ist von dem Rührer aus dem „VEB Elektrogerätewerk Suhl" fasziniert. Um hinter das Geheimnis seiner sagenhaften Langlebigkeit zu kommen, begibt sie sich auf eine Forschungsreise in die Welt der Gerätschaften.

Bis 1990 wurden 18 Millionen Rührgeräte vom Typ „RG 28s" hergestellt.

Hier der Link bzw. QR-Code zu dem erst kürzlich auf Youtube gestellten oben genannten Dokumentarfilm in voller Länge:

https://bit.ly/Doku-RG28s

Mikroelektronische Revolution

Auf Grundlage sehr positiver Ergebnisse von durchgeführten Schulversuchen zwischen 1979 und 1983 wurde zum Schuljahr 1984/85 in der Abiturstufe und zum Schuljahr 1985/86 ab Klasse 7 der **Taschenrechner „SR 1"** (= Schulrechner 1) eingeführt und damit der Rechenschieber abgelöst.

Im wesentlichen verfügte der SR 1 über:

- die 4 Grundrechenarten
- Addition \ Subtraktion
- Multiplikation \ Division
- Kettenrechnung
- Beachtung von Punkt- vor Strichrechnung und
- √, x2, yx, 1/x, %

Der „SR 1" wurde im VEB Mikroelektronik „Wilhelm Pieck" entwickelt und produziert. Der Staat griff für die **„mikroelektronische Revolution"** tief in die Tasche: Während der baugleiche Rechner MR 609, der auch im Westen angeboten wurde, im Handel stolze 460 Mark kostete, konnten Eltern schulpflichtiger Kinder den SR1 in RFT- und Kontaktring-Verkaufsstellen gegen Vorlage eines von den Schulen verteilten Bezugsscheines für 123 Mark kaufen.

Baden ohne ist angesagt

Die **FKK-Bewegung** kommt zwar nicht aus der DDR, fand aber jedoch ihre größte Anhängerschaft. Anfangs in den 50er-Jahren war es noch unüblich, sich hüllenlos am Strand zu zeigen. Es gab sogar ein offizielles Nacktbadeverbot der Volkspolizei. Aber in diesem Punkt setzte sich die DDR-Bevölkerung durch: Nacktbaden war Privatsache und so widerstand man der Staatsmacht. Es wurden von Jahr zu Jahr mehr, die FKK zu ihrer Urlaubsnormalität machten und schrittweise immer mehr Strände entlang der Ostseeküste eroberten.

Schließlich gab es sogar einen Reiseführer: **„Baden ohne"** hieß die Broschüre. Im reich bebilderten Bändchen wurden die offiziellen FKK-Möglichkeiten zwischen Mövenort auf Rügen und der Talsperre Pöhl im Vogtland vorgestellt. Jeder einzelne Strand wird beschrieben und mit einer Lageskizze versehen. Fotos illustrieren das fröhliche Treiben der Nackten.

Das Heftchen wurde zum Bestseller, was in der DDR stets identisch war mit Bückware.

Auf der Leipziger Messe war die erste Auflage in Höhe von 100.000 Exemplaren bereits vergriffen, ehe ein Buch gedruckt war. Insgesamt brachten es weitere Auflagen auf 650.000 Stück.

Und noch etwas zum Schmunzeln

Ein Mann kommt an eine Tankstelle und sagt: „Ich hätte gerne zwei Scheibenwischerblätter für meinen Trabi.“ Darauf schaut sich der Tankwart den Trabi an und meint: „Ja, das ist ein fairer Tausch …“

Die Stasi verhört einen treuen Kirchengänger: „Geben Sie zu, dass Sie gerade in der Kirche waren?“ „Ja.“ „Geben Sie auch zu, dass Sie die Füße von Jesus am Kreuz geküsst haben?“. „Ja.“ „Würden Sie auch die Füße unseres Genossen Honecker küssen?“ „Sicher, wenn er dort hängen würde …“

Ein Spatz fliegt über die DDR . Er fliegt so vor sich hin, schaut nach unten und denkt: „Die DDR ist eigentlich ein schönes Land, überall ist der Wurm drin.“

Die USA, die Sowjetunion und die DDR wollen gemeinsam die Titanic bergen. Die USA interessieren sich für den Goldschatz. Die Sowjetunion interessiert sich für das technische Know-how. Und die DDR interessiert sich für die Musikkapelle, die bis zum Untergang noch fröhliche Lieder gespielt hat.

Die Burda aus der DDR

Ab Anfang 1956 bis 1995 erschien das Modejournal „Sibylle" sechsmal pro Jahr. Immer schnell vergriffen, wurde es zur Bibel der Modeliebhaber. Die Auflage lag im Durchschnitt bei beachtlichen 220.000 Stück.

Schon in der zweiten Ausgabe beklagte ein Mitarbeiter der Post in einem Leserbrief die große Nachfrage, der er nicht gerecht werden könne. Die Redaktion antwortete: *„Die Wahrheit ist höchst einfach: Wo nicht genug ist (Papier nämlich), hat bekanntlich auch die Kaiserin ihr Recht verloren."*

Die Kultzeitschrift „Sibylle" kostete während der gesamten DDR-Zeit 2,50 Mark.

Weil die Bekleidungsindustrie kaum in der Lage war, modische Qualität zu bieten, wurde aus der Not heraus selbst genäht. Zauberhafte Sachen entstanden - und die „Sibylle" war dabei durchaus Stil prägend.

Das lag an den Schnittmustern, die der Sibylle beilagen. Diese erfreuten sich großer Beliebtheit und galten als regelrechte Schätze. Oftmals wurden sie weitergegeben, bis sie auseinanderfielen.

Die DDR und ihr Woodstock

Im Sommer 1973, zehn Jahre vor Ihrer Geburt, kamen acht Millionen Jugendliche aus aller Welt zum Feiern in Ost-Berlin zusammen - zu den **X. Weltfestspielen der Jugend & Studenten.** Es wurde ein Sommer der Liebe, das „rote Woodstock" im grauen Sozialismus, obwohl die Staatssicherheit immer dabei war.

1,7 Millionen FDJler hatten die Spiele seit März vorbereitet. 25.600 Teilnehmer aus 140 Staaten gaben der Stadt ein Antlitz der Weltoffenheit und Toleranz. Unter den 800 bundesdeutschen Teilnehmern waren Mitglieder der Pfadfinder, der Beamten-Jugend, der Schreberjugend, der Esperanto-Jugend.

Ausgelassene Stimmung bei den Weltfestspielen in Ostberlin.

Ab dem 28. Juli spielten neun Tage lang auf 95 Bühnen dutzende Singeclubs, Rock- und Beatgruppen auf. Im prämierten Festivallied hieß es: *„Die junge Welt ist in Berlin zu Gast, und sie schert sich nicht drum, ob es dem Feinde passt."*

Den Link bzw. QR-Code zu einem 10-minütigen Youtube-Video mit Auf-nahmen von der Eröffnungsfeier gibt es hier: **https://bit.ly/weltfestspiele**

„Exquisit“ aber teuer

Um dem immer stärkeren Verlangen der Frau nach modischer Kleidung nachzukommen wurde 1970 das Volkseigene Produktions- und Handelsunternehmen **„Exquisit“** gegründet. Es sollte die Bevölkerung *„mit Bekleidungserzeugnissen mit hohem Gebrauchswert und moderner Gestaltung im oberen Preisgenre“* versorgen. Das Handelsunternehmen wurde dazu mit Sonderkonditionen ausgestattet. Es wurden Devisen bereitgestellt für Importe von Stoffen, Maschinen, selbst Ladeneinrichtungen. Anregungen konnten die Modegestalter aus Berichten der wenigen Mitarbeiter ziehen, die zu den großen Modenschauen nach Paris, Mailand oder Düsseldorf fahren durften.

Den Youtube-Link und QR-Code zur schönen rund 45-minütigen NDR-Dokumentation „Das trug der Osten - Ein Ausflug in die sozialistische Modewelt“ finden Sie hier: **https://bit.ly/ddr-mode**

Anfänglich gab es von einem Entwurf nicht mehr als 30 bis 50 Modelle, in den 80er-Jahren wurden jedoch häufig 500 bis 1.000 Modelle produziert. Dabei verlor die Kollektion an Qualität und Exklusivität. Es konnten sich meist nur Personen der oberen Einkommensklassen und Schwarzmarkthändler die überdurchschnittlich teuren Bekleidungsartikel leisten (eine Hose kostete zwischen 170 und 200 Mark, das Durchschnittsbruttoeinkommen in der DDR lag dagegen 1982 bei circa 1.000 Mark).

Kreuzworträtsel

Erraten Sie die 15 Wörter, die meist kein Wessi versteht.

1: Textiler Bodenbelag; 2: Der Gang zur Toilette; 3: Sprudelndes Getränk; 4: Gegrilltes Hähnchen; 5: Gartenhaus; 6: Kunstfaser; 7: Salami aus Ungarn; 8: Führerschein; 9: Einzelhandelskette; 10: Sofa; 11: Kleine Lebensmittelläden; 12: Kaffeeersatz; 13: Jeans; 14: Organisation für Kinder; 15: Overhead-Projektor (Lösung Seite 73)

Die DDR- das Quiz

Auf den folgenden Seiten finden Sie insgesamt 48 Quizfragen zur DDR samt ausführlichen Antworten.

Sie können das Quiz wahlweise auch **online ohne jegliche Anmeldung** durchgehen. Wählen Sie einfach die gewünschte Rubrik auf der folgenden Seite und geben Sie entweder den entsprechenden Link in Ihren Browser ein oder scannen Sie den QR-Code.

Auf der Startseite sehen Sie dann die blaue Box unten. Wählen Sie links oben *„Anmelden als Schüler“* und tippen Sie einfach irgendwelche Buchstaben oder Zeichen ein (wie gesagt, keine Anmeldung oder Dateneingabe erforderlich) - und schon geht`s los.

Viel Spaß beim Raten und Erinnern!

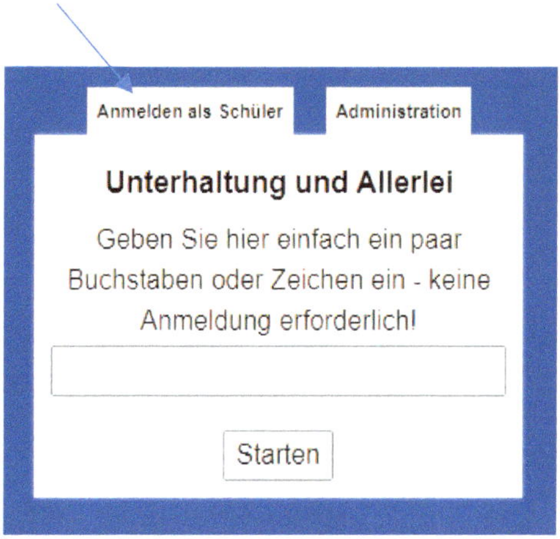

Online-Quiz-Rubriken

Unterhaltung & Allerlei (15 Fragen)

https://bit.ly/ddr-quiz-teil-1

TV, Kino, Musik & Literatur (15 Fragen)

https://bit.ly/ddr-quiz-teil-2

DDR-Marken & Begriffe (18 Fragen)

https://bit.ly/ddr-quiz-teil-3

Lieder & Musik

1. Wie hieß der Musikhit von Nina Hagen aus dem Jahr 1974?

A Du hast die Kinder vergessen

B Du hast den Schlüssel vergessen

C Du hast den Koffer vergessen

D Du hast den Farbfilm vergessen

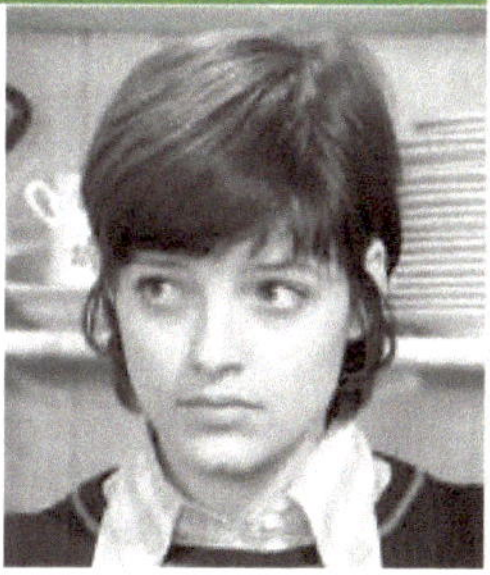

2. Wer sang den Hit „Über sieben Brücken musst du gehen" im Original?

A Udo Lindenberg

B City

C Karat

D Puhdys

3. Wie hieß das bekannteste Plattenlabel in der DDR?

A Universal

B Warner Berlin

C Amiga

D Elektron

Antworten

1. Wie hieß der Musikhit von Nina Hagen aus dem Jahr 1974?

D: Du hast den Farbfilm vergessen. Mit diesem Hit begann die Karriere von Nina Hagen, damals noch in der Gruppe „Automobil“. Hier der Link und QR-Code zum über 11 Mio. Mal auf Youtube geklickten Song aus 1974. **https://bit.ly/Farbfilm-vergessen**

2. Wer sang den Hit „Über sieben Brücken musst du gehen“ im Original?

C: Karat, eine der erfolgreichsten Bands der DDR. Der Song wurde später von Peter Maffay gecovert. Hier der Link und QR-Code zum Originalsong von Karat aus dem Jahr 1978: **https://bit.ly/Karat-1978**

2. Wer sang den Hit „Über sieben Brücken musst du gehen“ im Original?

C: AMIGA sollte die Bandbreite der populären Musik abdecken. Darunter fielen Beat-, Rock- und Popmusik ebenso wie Jazz, Schlager, volkstümliche Musik und populäre Instrumentalmusik. Amiga wurde am 3. Februar 1947 gegründet und bestand bis 1994. Seitdem wird das Repertoire von mehr als 30.000 Titeln von der BMG Berlin Musik GmbH, jetzt Sony Music Entertainment, vermarktet. Als Markenname für Veröffentlichungen von Tonträgern aus der DDR-Zeit wird Amiga weiterhin verwendet.

TV und Freizeit

1. Wie geht es weiter? "Sandmann, lieber Sandmann, es ist noch nicht soweit, wir sehen erst den Abendgruß, ...

A ... ehe jedes Kind ins Bettchen muss, du hast gewiss noch Zeit!

B ... ehe jedes Kind ins Bettchen muss, du hältst den Sand bereit!

C ... ehe jedes Kind ins Bettchen muss, für eine Geschichte ist noch Zeit!

D ... ehe jedes Kind ins Bettchen muss, wir freuen uns auf sogleich!

2. Was sollten beim Gruß der Pioniere die fünf Finger der über dem Kopf gestreckten Hand symbolisieren?

A Ich habe meine fünf Sinne beisammen

B Aus fünf Fingern wird die Faust

C In fünf Jahren haben wir s geschafft

D Wir haben Freunde in allen fünf Erdteilen

3. Durch welche Rolle in einem Märchenfilm wurde Volksschauspieler Rolf Ludwig zu einem echten Kinderfilmstar?

A als Biene im „Der helle Schein der Sonne"

B als Bär im „Singenden, klingenden Bäumchen"

C als Holländer-Michel in „Das kalte Herz"

D als Soldat in „Das Feuerzeug"

Antworten

1. Wie geht es weiter? "Sandmann, lieber Sandmann, es ist noch nicht soweit, wir sehen erst den Abendgruß, ...

A: ... ehe jedes Kind ins Bettchen muss, du hast gewiss noch Zeit! Den Sandmann gibt es seit 1959, im geteilten Deutschland gab es zwei Sandmännchen. Nach der Wiedervereinigung setzte sich der DDR-Sandmann durch.

Hier der Link und QR-Code zum 1-minütigen Sandmann-Lied aus 1960 auf Youtube: **https://bit.ly/ddr-sandmann**

2. Was sollten beim Gruß der Pioniere die fünf Finger der über dem Kopf gestreckten Hand symbolisieren?

D: Die verkürzte Losung der Pioniere war: „Seid bereit!" - Die Antwort der Gruppe war daraufhin: „Immer bereit!", Hierbei wurde der rechte Arm gehoben und die flache Hand so über dem Kopf gehalten, dass der Daumen zum Kopf und der kleine Finger zum Himmel zeigte.

3. Durch welche Rolle in einem Märchenfilm wurde Volksschauspieler Rolf Ludwig zu einem echten Kinderfilmstar?

D: Ein armer **Soldat** (Rolf Ludwig) findet in einer hohlen Eiche ein altes Feuerzeug und jede Menge Kupfer, Silber und Gold. Selbstlos teilt er seinen Reichtum und hat am Ende nur noch das alte Feuerzeug übrig. „Das Feuerzeug" ist ein DEFA-Märchenfilm der DDR aus dem Jahr 1959 nach einem Märchen von Hans Christian Andersen.

TV und Freizeit

1. Welches sportliche Großereignis für Kinder und Jugendliche fand 1966 erstmals statt?

- **A** "Frösi"-Staffellauf
- **B** "Trommel"-Seehundpokal
- **C** „Pinonier"-Weltmeisterschaften
- **D** Kinder- und Jugendspartakiade

2. Welche berühmten DDR-Comic-Figuren sind hier zu sehen?

- **A** Dig, Dag und Digedag
- **B** Spejbl, Hurvinek und Zeryk
- **C** Fix, Fax und Fox
- **D** Abrax, Brabax und Califax

3. Wer war Prof. Flimmrich?

- **A** Rektor der Filmhochschule Potsdam
- **B** Herausgeber des "Filmspiegels"
- **C** Der Aufklärer der Nation
- **D** Moderator im Kinderfernsehen

Antworten

1. Welches sportliche Großereignis für Kinder und Jugendliche fand 1966 erstmals statt?

D: 1966 fand in Ost-Berlin die erste Kinder- und Jugendspartakiade statt. Die Gewinner der ersten drei Plätze jeder Sportart erhielten Medaillen und Urkunden. Hier der Link bzw. QR-Code zu Originalaufnahmen aus 1966: https://bit.ly/spartakiade-1966

2. Welche berühmten DDR-Comic-Figuren sind hier zu sehen?

D: Die Abrafaxe sind die Helden der monatlich erscheinenden Comiczeitschrift MOSAIK. Sie bestehen aus den drei koboldähnlichen Gestalten Abrax, Brabax und Califax, die im Verlauf ausgedehnter Rahmenhandlungen Abenteuer in der Weltgeschichte bestehen. Die Abrafaxe stehen als längster Fortsetzungscomic der Welt im Guinness-Buch der Rekorde.

3. Wer war Prof. Flimmrich?

D: Die Flimmerstunde war eine Kindersendung des 1. Programms des DDR-Fernsehens. Die Sendung wurde wöchentlich vom 14. September 1959 bis zum Ende des DDR-Fernsehens ausgestrahlt. Professor Flimmrich (Walter E. Fuß) berichtete am Anfang einer jeden Sendung über die neuesten und noch in Arbeit befindlichen Kinderfilme und zeigte Ausschnitte. Danach zeigte er, neben Reportagen und Dokumentationen, einen Spielfilm.

Können Sie sich noch erinnern ...?

1. Was überreichte Udo Lindenberg Erich Honecker bei dessen Staatsbesuch 1987 in der BRD?

- **A** 500 Stück seiner neuesten Langspielplatte
- **B** Eine Petition für mehr Freiheit mit 10.000 Unterschriften
- **C** Eine elektrische Gitarre mit der Aufschrift „Gitarren statt Knarren"
- **D** Eine Schoko-Taube als Friendenssymbol

2. In welchen Läden konnte man ab 1974 Jeans aus DDR-eigener Produktion kaufen?

- **A** Exquisit
- **B** Intershop
- **C** Jumo
- **D** Kaufhalle

3. Wie wurde der Palast der Republik im Volksmund genannt?

- **A** Haus der Idioten
- **B** Erichs Lampenladen
- **C** Asbesthalle
- **D** Dummschwätzladen

Antworten

1. Was überreichte Udo Lindenberg Erich Honecker bei dessen Staatsbesuch 1987 in der BRD?

C: An jenem 9. September 1987 wurde am Geburtshaus von Friedrich Engels ein kleines Stück Geschichte geschrieben. Rocker West trifft Staatschef Ost und die Nation schaut zu. Udo Lindenberg überreicht dem Staatsratsvorsitzenden der DDR Erich Honecker eine **E-Gitarre**. Sie trug die Aufschrift **Gitarren statt Knarren.**

2. In welchen Läden konnte man ab 1974 Jeans aus DDR-eigener Produktion kaufen?

C: Jugendmode (kurz Jumo), war eine Ladenkette, die nur ein spezielles Bekleidungssortiment für Jugendliche anbot. Dies sollte nach eigenem Anspruch besonders modisch sein, hing jedoch permanent den Wünschen der jungen Kundschaft hinterher. Ergänzt wurde das Angebot durch Kosmetik für Mädchen und jungen Frauen, z.B. Marke Sküs.

3. Wie wurde der Palast der Republik im Volksmund genannt?

B: Am 23. April 1976 wird der Palast der Republik, der im Volksmund wegen den zahlreichen Leuchten der Foyerdeckenbeleuchtung auch spöttisch **„Erichs Lampenladen“** genannt wurde, eröffnet. Der Bau war zum einen Sitz der Volkskammer, zum anderen Veranstaltungszentrum für das Volk. 1990 wird er wegen Asbestverseuchung geschlossen und 2006 abgerissen. Auf dem ehemaligen Gelände des Volkspalastes steht seit Ende 2020 das Humboldt Forum.

Können Sie sich noch erinnern ...?

1. Was wurde als das „Tal der Ahnungslosen" bezeichnet?

- **A** Die Volkskammer
- **B** Eine beliebte Hörfunksendung
- **C** Der Raum um Dresden
- **D** Ein erfolgreicher Kinofilm

2. Wo sah man das Schild: „Bitte warten, Sie werden platziert!"?

- **A** im Krankenhaus
- **B** im Kino
- **C** im Theater
- **D** im Restaurant

3. Was ermöglichte der „Giftschein"?

- **A** Den Erwerb von West-Medikamenten
- **B** Den Erwerb von Rattengift
- **C** Zugang zu verbotener Literatur
- **D** Den Erwerb von Zyankali

Antworten

1. Was wurde als das „Tal der Ahnungslosen" bezeichnet?

C: **Tal der Ahnungslosen** lautete der sarkastische DDR-Ausdruck für solche Gebiete, in denen Westfernsehen und der westliche UKW-Rundfunk nur schwer zu empfangen waren. Ursprünglich wurde damit das **Dresdner Elbtal** bezeichnet. Die Bewohner dieser Gebiete galten in der DDR als schlecht informiert, weil sie nur über freie Informationen der Lang-, Mittel- und Kurzwellensender sowie der zensierten DDR-Medien verfügen konnten.

2. Wo sah man das Schild: „Bitte warten, Sie werden platziert!"?

D: „Bitte warten, Sie werden platziert", so wurde der DDR Bürger an vielen Eingängen der **Gastronomie** empfangen. Selbst wenn man in der Gaststätte freie Tische sah, hieß das zu DDR-Zeiten noch lange nicht, dass man dort seine Plätze einnehmen konnte. Das bestimmte das Servicepersonal und wenn das schlecht drauf war, stand man schon mal bis zu einer halben Stunde herum.

3. Was ermöglichte der „Giftschein"?

C: George Orwells Roman „1984" und andere **verbotene Literatur** konnte nur lesen, wer einen „Giftschein" hatte. Nur in einigen wissenschaftlichen Bibliotheken lagerten solche Bücher in verschlossenen Schränken, zugänglich nur mit einer besonderen Genehmigung, eben einem „Giftschein".

Können Sie sich noch erinnern?

1. Was war ins „Hausbuch“ einzutragen?

- **A** Alle Bewohner eines Hauses
- **B** Mehrtägige Besuche
- **C** Die Einteilung der Reinigungsdienste
- **D** Alle Haustiere

2. Wofür bekam man vom Staat ein „Begrüßungsgeld“ in Höhe von 1.000 Mark?

- **A** Für die Flucht in die DDR
- **B** Für den Besuch der Familie aus Westdeutschland
- **C** Für das erste Kind
- **D** Für den Erstbezug einer Wohnung

3. Wofür wurde die „Goldene Hausnummer“ verliehen?

- **A** Wenn alle Bewohner SED Mitglied waren
- **B** Wenn ein Hausbewohner bei den Sportmeisterschaften gewonnen hat
- **C** Wenn alle Bewohner freiwillig Hausdienste übernommen haben
- **D** Wenn das Haus und die Umgebung besonders gepflegt wurden

Anworten

1. Was war ins „Hausbuch" einzutragen?

B: Das Hausbuch diente dem Staat als Instrument zur Kontrolle und Überwachung seiner BürgerInnen. Bei Bedarf konnten die Hausbücher beispielsweise darüber Auskunft geben, wer wie oft und **von wem besucht** wurde. Diese erhobenen Daten fanden bei operativen Ermittlungen der Staatsorgane oftmals Eingang in die Ermittlungsakten der Volkspolizei oder in die »operativen Vorgänge« des Ministeriums für Staatssicherheit.

2. Wofür bekam man vom Staat ein „Begrüßungsgeld" in Höhe von 1.000 Mark?

C: Ab dem Jahr 1972 wurde in der DDR jedes **Neugeborene** mit einem Geldbetrag begrüßt. Die Eltern bekamen 1.000 Mark für das erste und bis zu 2.500 Mark für jedes weitere Kind. An die Auszahlung des Geldes waren allerdings einige Bedingungen geknüpft: regelmäßige Schwangerschaftsuntersuchungen sowie ein Besuch beim Zahnarzt während der neun Monate der Schwangerschaft.

3. Wofür wurde die „Goldene Hausnummer" verliehen?

D: Ein reines Treppenhaus, ein gepflegter Vorgarten und eine saubere Fassade - all das konnte eine Hausgemeinschaft näher an die Auszeichnung Goldene Hausnummer bringen. Diese wurde Hausgemeinschaften in der DDR verliehen, die ihr **Haus und das Umfeld gut pflegten.**

Marken von damals

1. Der Markenname „Eg-Gü" war bekannt für ...?

- **A** Große Hühnereier aus Dresden
- **B** Schuhpflegemittel und Schnürsenkel
- **C** Tiefkühl-Hamburger mit Ei
- **D** Biersorte mit Ei

2. Welche Produkte wurden unter dem Namen „Diamant" verkauft?

- **A** Plattenspieler mit Diamantnadel
- **B** Fahrräder
- **C** Poliermittel für Trabis
- **D** Radios

3. Wie hieß das in Wernigerode ansässige Werk, das "Heiko-Füllhalter" produzierte?

- **A** Schreibtechnik „Markant"
- **B** Füllhalterfabrik Wernigerode
- **C** Faber-Castell-Werk
- **D** LFF (Lamy-Füllhalter-Fabrik)

Antworten

1. Der Markenname „Eg-Gü" war bekannt für ...?

B: Schuhpflegemittel und Schnürsenkel. Egbert Günther gründete bereits im Jahr 189 eine kleine Firma in Dresden, in denen er Bohnerwachs herstellte. Ab 1915 kamen dann Schuh- und Lederpflegemittel dazu. Der Unternehmensname setzte sich aus Teilen des Vor- und Nachnamens zusammen. Ab dem Jahr 1955 konnte man sogar Produkte exportieren. Im Jahr 1972 wurde Eg-Gü zum „VEB Schuhpflegemittel Dresden."

2. Welche Produkte wurden unter dem Namen „Diamant" verkauft?

B: Die **Diamant-Fahrräder** der Brüder Nevoigt sind von Beginn an bis ins Detail durchdacht. So bringen sie bereits 1898 mit einer kerzenbetriebenen Fahrradlampe Licht ins Dunkel. Diamant wird später VEB (volkseigener Betrieb). Mit dem Straßenrennrad Nr. 167, wird „Täve" Schur 1958 Sieger bei der WM der Radamateure in Frankreich - als erster deutscher Fahrer überhaupt.

3. Wie hieß das in Wernigerode ansässige Werk, das "Heiko-Füllhalter" produzierte?

B: Zu DDR-Zeiten wurden im **„VEB Füllhalterfabrik Wernigerode"** die Füller der Marke „Heiko" produziert. Nach Wende und Wiedervereinigung wurde der Betrieb privatisiert, die neue Firma hieß „Heiko Schreib- und Zeichengeräte GmbH". Die Heiko-Füller waren der Konkurrenz von Pelikan und Geha jedoch nicht gewachsen und der Betrieb ging in Insolvenz.

Marken von damals

1. Welches Produkt des "VEB Zekiwa" brauchten junge Familien in der DDR?

- **A** Komet-Küchenmaschinen
- **B** Waschmaschinen vom Typ WM 66
- **C** Nähmaschinen vom Typ Freia
- **D** Kinderwagen

2. Wie hießen die bekannten Schreibmaschinen des „VEB Robotron Rechen- und Schreibtechnik Dresden"?

- **A** Hanna
- **B** Martha
- **C** Anna
- **D** Erika

3. Was wurde „Erichs Krönung" genannt?

- **A** Die Ernennung von Erich Honecker zum Vorsitzenden des Staatsrates
- **B** Der Empfang von Honecker in Bonn durch Helmut Kohl 1987
- **C** Ein unbeliebter Mischkaffee
- **D** Die Einweihung des Palastes der Republik

Antworten

1. Welches Produkt des "VEB Zekiwa" brauchten junge Familien in der DDR?

D: Albert Naether zeigt 1852 erstmals auf der Messe in Leipzig einen **Kinderziehwagen.** Der Verkauf der Wagen aus Zeitz breitet sich auf ganz Europa aus. Es folgt der weitere Ausbau zum größten und erfolgreichsten Kinderwagenproduzenten in Europa. Das Ende der Familientradition kommt 1946 mit der Enteignung. Aus dem Unternehmen wird der „VEB Zekiwa Zeitz".

2. Wie hießen die bekannten Schreibmaschinen des „VEB Robotron Rechen- und Schreibtechnik Dresden"?

D: **Erika** war die einzige Enkeltochter von Karl Robert Bruno Naumann und gleichzeitig Vorlage für den Markennamen seiner produzierten Schreibmaschinen. Mit seiner Firma Seidel & Naumann beantragte er am 28. Januar 1910 den Markenschutz beim Kaiserlichen Patentamt. Allein bis 1945 wurden über 700.00 „Erikas" verkauft.

3. Was wurde „Erichs Krönung" genannt?

C: Anfang 1977 gabe es in der DDR zu wenig Kaffee. Ein **Mischkaffee** kam auf den Markt, um die Situation zu beruhigen. Dieser bestand nur noch zu rund 50% aus Kaffee, während die andere Hälfte zum großen Teil aus einem Roggen-Gersten-Gemisch, Zichorie und sogar getrocknete Zuckerrübenschnitzel bestand. Im Volksmund nannte man die neue Kaffeemischung, in Anspielung auf eine Westmarke, sarkastisch **„Erich's Krönung".**

Marken von damals

1. Welcher Artikel versteckte sich hinter dem Namen „Putzi"?

- **A** Eine Figur aus einer Kinderbuchserie
- **B** Ein beliebtes Krokodil-Stofftier
- **C** Eine Kinderzahncreme
- **D** Ein Putzmittel für den Backofen

2. Wer oder was ist ein Polylux?

- **A** Eine Wildkatze
- **B** Eine Lichterkette
- **C** Ein Overheadprojektor
- **D** Der Direktor einer polytechnischen Schule

3. Wie hieß die gebräuchlichste Anti-Baby-Pille?

- **A** Exponsit
- **B** Ovosiston
- **C** Aponeuron
- **D** Iripona

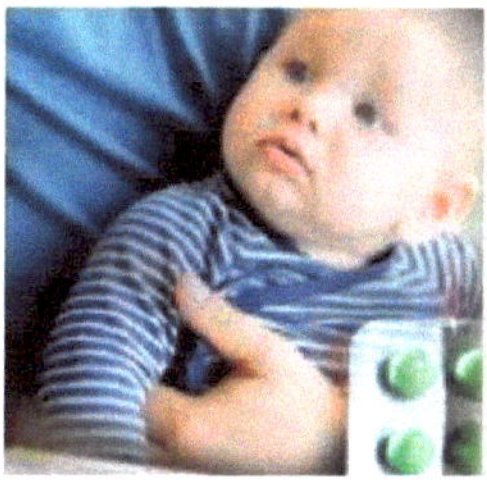

Antworten

1. Welcher Artikel versteckte sich hinter dem Namen „Putzi"?

C: Putzi war die einzige **Kinderzahncreme** in der DDR und wurde erfolgreich in andere Länder Osteuropas exportiert. Sie kam 1957 in den Handel, die erste Geschmacksrichtung war „Banane" und kurz darauf folgten „Himbeere" und „Schoko". Wegen des Zuckergehalts verführte sie die Kinder nicht nur zum Putzen, sondern auch zum Verspeisen der Creme. Ab Anfang der 1960er Jahre wurde das „Sandmännchen" das Maskottchen des Produkts und zehn Jahre später folgte der Teddy-Bär „Bummi".

2. Wer oder was ist ein Polylux?

C: Der Polylux ist ein in der DDR produzierter **Overheadprojektor** und war Gattungsname für Tageslichtprojektoren. Hergestellt wurde der Polylux seit 1969 vom Volkseigenen Betrieb „VEB Phylatex-Physikgerätewerk DDR" in Frankenberg bei Chemnitz (damals Karl-Marx-Stadt). Er war unter anderem an den Bildungseinrichtungen der DDR weit verbreitet.

3. Wie hieß die gebräuchlichste Anti-Baby-Pille?

B: Ab 1965 gibt es auch in der DDR bei der „VEB Jenapharm" die Antibabypille **Ovosiston.** Wie auch in der BRD wurde das Medikament anfänglich nur in speziellen Fällen verschrieben - an kinderreiche Frauen mit häufigen Entzündungen. Doch bald wird Ovosiston als „Wunschkindpille" beworben und offensiv zur Familienplanung eingesetzt.

Fernsehsen damals

1. Ab wann gab es in der DDR flächendeckend Farbfernsehen?

- **A** 1968
- **B** 1973
- **C** 1976
- **D** 1980

2. In welchem TV-Mehrteiler von 1973 spielte Armin Müller-Stahl den Brigadier einer Großbaustelle?

- **A** Das unsichtbare Visier
- **B** Wege übers Land
- **C** Die sieben Affären der Dona Juanita
- **D** Der Weg der sieben Tage

3. Wie hieß eine bekannte Fernsehsendung in der DDR?

- **A** Die rote Revolution
- **B** Der schwarze Kanal
- **C** Die gelbe Sonne
- **D** Die rosarote Zukunft

Antworten

1. Ab wann gab es in der DDR flächendeckend Farbfernsehen?

B: 1973. Am 3. Oktober 1969 wurde in der DDR das Farbfernsehen eingeführt. Damals startete das 2. Programm des Deutschen Fernsehfunks, gesendet vom neuen Berliner Fernsehturm. Flächendeckendes Fernsehen gab es 1973.

2. In welchem TV-Mehrteiler von 1973 spielte Armin Müller-Stahl den Brigadier einer Großbaustelle?

C: Die sieben Affären der Dona Juanita. Das war ein vierteiliger Fernsehfilm nach dem gleichnamigen Roman von Eberhard Panitz. Handlung: Anita ist alleinerziehende Architektin, begabt, selbstbewusst und sensibel - und äußerst hübsch. Über zu wenig Verehrer kann sie sich nicht beklagen, doch die Männer bleiben nicht bei ihr. Und es wird über sie getratscht: Sie sei leichtsinnig und verliebe sich zu schnell. Doch Anita stellt ihr Selbstbewusstsein gegen überholte Moralvorstellungen. Ihren Anspruch auf Liebe und Glück lässt sie sich nicht nehmen.

3. Wie hieß eine bekannte Fernsehsendung in der DDR?

B: In **„Der schwarze Kanal"** wurden immer am Montag Abend Ausschnitte aus dem Westfernsehen gezeigt und kommentiert. Es war eine politische Sendereihe des DDR-Fernsehens zu Zeiten des Kalten Krieges. Der Chefkommentator Karl-Eduard von Schnitzler widmete sich im Sinne der SED-Propaganda einzelnen Ausschnitten von Sendungen des Westfernsehens, also der Fernsehprogramme aus der Bundesrepublik Deutschland.

DDR-Wortkreationen

1. Wer oder was war ein „Subotnik"?

- **A** Ein DDR-Satellit fürs TV
- **B** Ein bulgarisches Fleischgericht
- **C** Ein russischer Staatsfeiertag
- **D** Ein freiwilliger Arbeitseinsatz

2. Was war die „Töpfchenbank"?

- **A** Blumentopfreihe auf dem Balkon im Plattenbau
- **B** Spezielles Regal für das Sonntagsgeschirr
- **C** Ein Sparkonto für die Kinder bei der Bank
- **D** Kollektiver Toilettengang in den Kindergärten

3. Was wurde als „Ferkeltaxe" bezeichnet?

- **A** Dienstautos von Politikern
- **B** Anhänger für Tiertransporte
- **C** Leichttriebwagen auf Nebenstrecken
- **D** Schlachtviehtransport-LKWs

Antworten

1. Wer oder was war ein „Subotnik"?

D: Der Subotnik (von russisch = Sonnabend) ist ein in Sowjetrussland entstandener Begriff für einen freiwilligen, unbezahlten Arbeitseinsatz am Sonnabend, der in den DDR-Sprachgebrauch übernommen wurde. So wurde so manches behördliche Wohlwollen von der - wohl sehr gut beobachteten und registrierten - Teilnahme an diesen Subotniks abhängig gemacht. Wer eine größere Wohnung brauchte, wer nach einer besseren Stelle suchte, wer ins Ausland fahren wollte oder gar einen Telefonanschluss begehrte, der war meist auf derartige „Pluspunkte" für sein „sozialistisches Verhalten" angewiesen.

2. Was war die „Töpfchenbank"?

D: Der Tagesablauf in Kindergärten folgte strikten Regeln: Waschen, Essen, **Töpfchen,** Spielen, auch für die regelmäßigen Schlafzeiten gab es klare Zeitpläne. In Schlafsälen standen Gitterbetten akkurat in Reihen aufgestellt. Einheitliche Kleidung war üblich. Der Schwerpunkt lag auf einer guten hygienischen und medizinischen Versorgung sowie der Einhaltung von Erziehungsplänen.

3. Was wurde als „Ferkeltaxe" bezeichnet?

C: Die Schienenbusse der Deutschen Reichsbahn verkehrten auf Nebenstrecken. Die **Triebwagen** erhielten schnell den Namen Ferkeltaxe, Sandmännchenzug oder Eule.

DDR-Wortkreationen

1. Wer oder was war „Präsent 20"?

- **A** Ein Staatsgeschenk zum 20. Geburtstag
- **B** Die Bezeichnung für den 20-monatigen Wehrdienst
- **C** Ein synthetischer Stoff
- **D** Eine beliebte Geschenkbox mit 20 Pralinen

2. Wer oder was war „Lipsi"?

- **A** Ein Fruchtlikör
- **B** Ein Lippenstift
- **C** Ein Tanz
- **D** Ein TV-Moderator

3. Was wurde als „Kumpeltod" bezeichnet?

- **A** Eine anonyme Anzeige bei der Stasi
- **B** Ein steuerfreier Trinkbranntwein für Bergleute
- **C** Eine Medizin gegen Lungenentzündung
- **D** Ein Brettspiel für Erwachsene

Antworten

1. Wer oder was war „Präsent 20"?

C: Mit **„Präsent 20"** beglückte die DDR ihre Bürger zum 20. Geburtstag der Republik im Jahre 1969. So hieß der Stoff aus 100 Prozent Polyester, der dem im Westen entwickelten Stoff „Trevira" Konkurrenz machen sollte. War die Chemiefaser auch schweißtreibend, so erfreute sie sich doch schnell großer Beliebtheit. Hosen und Röcke aus „Präsent 20" waren knitterarm und ließen sich problemlos zu Hause in der Maschine waschen.

2. Wer oder was war „Lipsi"?

C: Der Lipsi (nach lipsiens, lat. für der Leipziger) ist ein 1959 eingeführter Modetanz. Kreiert wurde er, um den Gesellschaftstanz mit volkstümlichen Elementen zu erweitern. Mit Verbreitung amerikanischer Tänze wie dem Rock 'n Roll propagierte die DDR-Führung den Lipsi als Alternative. In der Bevölkerung fand dies keinen Anklang. Hier der Link und QR-Code zu einem original Tanzvideo auf Youtube aus 1959: **https://bit.ly/lipsi-1959**

3. Was wurde als „Kumpeltod" bezeichnet?

B: Der Kumpeltod war der **Trinkbranntwein** für Bergarbeiter, der als Deputatlohn an Bergleute in der sowjetischen Besatzungszone und später der DDR ausgegeben wurde.

DDR-Wortkreationen

1. Wie wurde das Bekleidungsgeschäft „Exquisit" im Volksmund genannt?

- **A** Bonzenladen
- **B** Abzockbude
- **C** Palais Reichtum
- **D** Uwubu

2. Wie nannte man die Wohnungen in den Plattenbausiedlungen?

- **A** Schuhkarton
- **B** Betonbunker
- **C** Arbeiterschließfach
- **D** Wohnkoffer

3. Wie nannte der Volksmund die Geldmünzen in der DDR?

- **A** Spielgeld
- **B** Papiertaler
- **C** Alu-Chips
- **D** Arbeitergeld

Antworten

1. Wie wurde das Bekleidungsgeschäft „Exquisit" im Volksmund genannt?

D: Uwubu: Ulbrichts Wucherbuden. Exquisit-Läden waren Bekleidungsgeschäfte mit einem - verglichen mit den normalen HO- und Konsum-Läden - hochpreisigen Angebot von Bekleidung, Kosmetika und Accessoires. Modisch und qualitativ war das Angebot mit damaliger hochwertiger Westware vergleichbar. Verantwortlicher Betreiber dieser Edelladenkette für DDR-Mark war der VEB Exquisit Berlin mit eigenen Mode- und Werbeateliers.

2. Wie nannte man die Wohnungen in den Plattenbausiedlungen?

C: Plattenbauten sind vorwiegend aus Betonfertigteilen hergestellte Gebäude, das heißt sowohl Deckenplatten als auch Wandscheiben werden als fertige Elemente auf der Baustelle montiert. In der Umgangssprache wird der Begriff „Plattenbau" häufig verengt auf einheitlich gestaltete Wohnplattenbauten in Großwohnsiedlungen, genannt auch **„Arbeiterschließfach".**

3. Wie nannte der Volksmund die Geldmünzen in der DDR?

C: Ab 1968 wurde die sogenannte „Mark der Deutschen Demokratischen Republik" von der Staatsbank der DDR herausgegeben. Die Münzen des Nennwertes 20 Pfennig bestanden aus Messing. Sie waren damit schwerer und wurden z.B. bei öffentlichen Fernsprechern oder an Fahrkartenautomaten verwendet. Aufgrund ihres Materials wurden die anderen Münzen aus Aluminium auch spöttisch **„Alu-chips"** genannt.

Auf der Kinoleinwand

1. Welcher DEFA-Film spiegelte DDR-typische Urlaubserfahrungen?

A "Der nackte Mann auf dem Sportplatz"

B "Die Reise nach Sundevit"

C „Mein Urlaub in der UdSSR"

D „Und nächstes Jahr am Balaton"

2. Wie hieß der erste von zwölf Indianerfilmen der DEFA mit Gojko Mitic aus 1966?

A Spur des Falken

B Unter Geiern

C Die Söhne der Großen Bärin

D Felsen des Todes

3. Die Deutsche Film AG, kurz DEFA, war das volkseigene Filmunternehmen der DDR. Welcher Film gilt als erfolgreichste Produktion in ihrer Geschichte?

A Schneeweißchen und Rosenrot

B Der geteilte Himmel

C Die Legende von Paul und Paula

D Die Geschichte vom kleinen Muck

Antworten

1. Welcher DEFA-Film spiegelte DDR-typische Urlaubserfahrungen?

D: Und nächstes Jahr am Balaton. Ines und ihr Freund Jonas wollen zusammen an der Schwarzmeerküste in Bulgarien Urlaub machen. Doch Ines Eltern sind dagegen und stimmen nur unter der Bedingung zu, dass sie selbst mitfahren. Wie so oft im Urlaub sind die Erwartungen höchst verschieden, und so verlässt Jonas schon bald den Zug, um alleine weiter zu trampen.

2. Wie hieß der erste von zwölf Indianerfilmen der DEFA mit Gojko Mitic aus 1966?

C: Mit **„Die Söhne der großen Bärin“** begann die Laufbahn von Gojko Mitić als „DDR-Chefindianer“. Hier der Link und QR-Code zum Hörspiel auf Youtube aus dem Jahr 1951: **https://bit.ly/Hoerspiel-1951**

3. Die Deutsche Film AG, kurz DEFA, war das volkseigene Filmunternehmen der DDR. Welcher Film gilt als erfolgreichste Produktion in ihrer Geschichte?

D: Der 1953 erschienene Märchenfilm unter der Regie von Wolfgang Staudte erzählt die Geschichte von einem kleinen Jungen, der mit Zauberpantoffeln und einem magischen Stock auf der Suche nach dem Kaufmann ist, der das Glück zu verkaufen hat. Hier der Link und QR-Code zum Filmtrailer auf Youtube: **https://bit.ly/Filmtrailer-Muck**

Literatur

1. Wer beantwortete in der Jugendzeitung „Neues Leben" jeden Monat Fragen zur Sexualität?

- **A** Dr. Sommer
- **B** Prof. Dr. Winter
- **C** Prof. Dr. Borrmann
- **D** Dr. Helwig

2. In welche Zeitschrift blickten z.B. schneidernde Frauen und Heimwerker, wenn es um die bessere Bewältigung des Alltags ging?

- **A** in die „NBI"
- **B** in "Melodie und Rhythmus"
- **C** in "Monika"
- **D** in „Guter Rat"

3. Mit ihren 1977 erschienenen Frauen-Porträts löste Autorin Maxie Wander eine heftige Emanzipations-Debatte aus. Wie hieß das Buch?

- **A** Memoiren einer Tochter
- **B** Die Frau aus gutem Hause
- **C** Guten Morgen, du Schöne
- **D** Frauen sind die besseren Männer

Antworten

1. Wer beantwortete in der Jugendzeitung „Neues Leben" jeden Monat Fragen zur Sexualität?

C: Was man schon immer über Sex wissen wollte, sich aber nicht zu fragen traute - dieses weite und heikle Feld interessierte auch die Jugend in der DDR. Sehr beliebt war **„Professor Borrmann antwortet"** in der Monatszeitschrift „Neues Leben". Der Professor hatte ein Ohr und Ratschläge für die Unsicheren, die unter dem Diktat aufgewirbelter Hormone standen oder wissen wollten, woran man die Liebe erkennt.

2. In welche Zeitschrift blickten z.B. schneidernde Frauen und Heimwerker, wenn es um die bessere Bewältigung des Alltags ging?

D: Guter Rat war ein deutschsprachiges, monatlich erscheinendes Verbrauchermagazin. Die Zeitschrift wurde im November 1945 in der Sowjetischen Besatzungszone gegründet und erschien dann in der DDR bis 1990; nach der Wiedervereinigung wurde sie mit geändertem Profil fortgeführt. Damit ist Guter Rat die älteste kontinuierlich erscheinende Zeitschrift im Nachkriegsdeutschland.

3. Mit ihren 1977 erschienenen Frauen-Porträts löste Autorin Maxie Wander eine heftige Emanzipations-Debatte aus. Wie hieß das Buch?

C: Guten Morgen, du Schöne. 19 Frauen erzählen in der Sammlung von Gesprächsaufzeichnungen lustvoll und mutig von sich und ihren Gefühlen, ihrer Familie, ihrer Arbeit, ihren Männern, sie äußern sich über Liebe und Sexualität, über Politik, über ihre Ansicht von der »richtigen« Art zu leben.

Literatur

1. In welchem Roman aus 1973 fällt der Satz „Jeans sind eine Einstellung und keine Hosen"?

A	Christian Wolf: "Der geteilte Himmel"
B	Volker Braun: "Hinz und Kunz"
C	Ulrich Plenzdorf: "Die neuen Leiden des jungen W."
D	Manfred Pautz: "Enthüllungen"

2. Welches Buch war das Meistgedruckte in der DDR?

A	„Aus meinem Leben" von Erich Honecker
B	„Staat und Revolution" von Lenin
C	„Das kommunistische Manifest" von Marx/Engels
D	"Das Handbuch der DDR" von der SED

3. Wer schrieb das Kinderbuch und das Szenarium für den gleichnamigen DEFA-Kinderfilm "Sheriff Teddy"?

A	Ludwig Renn
B	Benno Pludra
C	Willi Meinck
D	Manfred Krug

Antworten

1. In welchem Roman aus 1973 fällt der Satz „Jeans sind eine Einstellung und keine Hosen"?

C: Die neuen Leiden des jungen W. war einer der ersten Romane der DDR, die sich kritisch mit dem Staat auseinandersetzten. Am Beispiel des Jugendlichen Edgar Wibeau zeigt Ulrich Plenzdorf, wie wenig Freiraum es in der DDR-Gesellschaft für den Einzelnen gab. Dabei orientiert er sich stark an Goethes Roman „Die Leiden des jungen Werther". Interessant ist der Roman nicht zuletzt wegen seiner Sprache: Edgar spricht im Jargon der Jugendlichen der 70er Jahre.

2. Welches Buch war das Meistgedruckte in der DDR?

C: „Das Kommunistische Manifest" von Karl Marx und Friedrich Engels aus dem Jahr 1847. Es endet mit dem Spruch: „Proletarier aller Länder, vereinigt euch!"

3. Wer schrieb das Kinderbuch und das Szenarium für den gleichnamigen DEFA-Kinderfilm "Sheriff Teddy"?

B: Benno Pludra. Er schrieb zahlreiche Erzählungen und Romane für Kinder und Jugendliche. Mit einer Gesamtauflage von mehr als fünf Millionen Exemplaren gilt er als erfolgreichster Jugendbuchautor der DDR-Literatur; teilweise erschienen seine Bücher auch in westdeutschen Lizenzausgaben. Mehrere seiner Bücher wurden verfilmt.

Lösung Kreuzworträtsel

1: Auslegware; 2: Austreten; 3: Brause; 4: Broiler; 5: Datsche; 6: Dederon; 7: Eselswurst; 8: Fahrerlaubnis; 9: Intershop; 10: Kanapee; 11: Konsum; 12: Muckefuck; 13: Niethose; 14: Pioniere; 15: Polylux

Bildverzeichnis und Links

alamy; imago, Sammlung DDR-Museum Berlin; gettyimages; private Bildersammlung. Trotz größter Sorgfalt konnten die Urheber nicht in allen Fällen ermittelt werden. Es wird gegebenenfalls um Mitteilung gebeten.

Wir bitten um Verständnis, dass wir keinen Einfluss darauf haben, wie lange die externen Links (z.B. Youtube-Videos) abrufbar sind. Es besteht keinerlei wirtschaftliche oder sonstige Verbindung zu eventuell eingespielter Werbung vor den Videos. Cartoons: Nadja Kühnlieb

Impressum

Autorin: Nadja Kühnlieb

www.verlagmensch.com / info@verlagmensch.com
Dr. Roman Feßler LL.M.
6900 Bregenz - Österreich, Bregenzer Straße 64
Umschlaggestaltung: Ingeborg Helzle Grafikdesign
Covermotiv: © Sammlung DDR Museum, Berlin

1. Auflage 2023

Psychologische Ratgeber des Verlags

Dr. Beate Guldenschuh-Feßler

Jeden Tag glücklich!

Positive Psychologie für mehr Glück & Lebensfreude

Exklusiv auf Amazon.Der Link zum Buch:

bit.ly/Jeden-Tag-glücklich

Auf 425 Seiten erhalten Sie 199 Praxistipps und Übungen von der erfahrenen Diplom-Psychologin und Verhaltenstherapeutin zur Erhöhung Ihres persönlichen Glückniveaus.

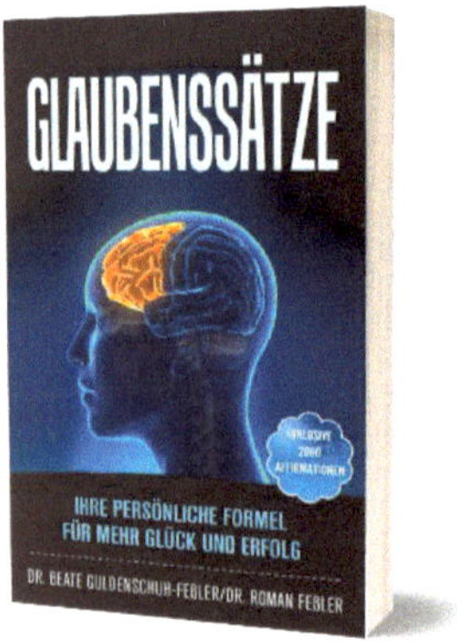

Dr. Beate Guldenschuh-Feßler

Glaubenssätze

Ihre persönliche Formel für mehr Glück und Erfolg. Inklusive 2.000 Affirmationen

Der Link zum Buch:
bit.ly/Buch-Glaubenssätze

Identifizieren Sie Ihre einschränkenden Glaubenssätze und erfahren Sie, wie Sie mit positiven Affirmationen glücklicher und erfolgreicher werden.

Dr. Beate Guldenschuh-Feßler

Das große Tagebuch der Dankbarkeit

Studien beweisen, dass ein Dankbarkeitstagebuch unser Glücksniveau steigern und Geist und Körper positiv beeinflussen kann.

Der Link zum Buch:

bit.ly/dankbares-leben

Neben ausreichend Platz für Ihre Tagebucheintragungen erhalten Sie psychologisches Hintergrundwissen, Tipps und Übungen zum Thema Dankbarkeit.

Dr. Beate Guldenschuh-Feßler

Grimms Märchen für mehr Selbstbewusstsein, Mut & Hilfsbereitschaft

11 Tugenden zur Persönlichkeitsentwicklung psychologisch aufbereitet.

Der Link zum Kinderbuch:

https://bit.ly/grimm-m

Vermitteln Sie anhand von Grimms Märchen Werte, die für Kinder von besonderer Bedeutung sind. Mit Ausmalbildern und Hörbuch für Kinder ab 4 Jahren.